MAESTRÍA PARA INVERTIR EN FOREX 2020

LA GUÍA DE INICIO RÁPIDA PARA PRINCIPIANTES PARA GANAR DINERO CON ESTRATEGIAS AVANZADAS DE TRADING AL DÍA. DESCUBRE LA PSICOLOGÍA SECRETA DEL TRADING PARA CREAR RIQUEZA, Y RETIRARSE SIENDO MILLONARIO

GREGORIO AVENA

información contenida en este documento, incluidos, entre otros, - errores, omisiones o inexactitudes.

ÍNDICE

INTRODUCCIÓN

Para iniciar este trabajo, a modo de introducción podemos decir que Forex forma parte del mercado internacional de divisas; Forex es la abreviación de Foreign Exchange.

Este mercado de divisas ha cobrado gran popularidad en los últimos tiempos, tanto entre los más expertos como en aquellos que van dando sus primeros pasos en el mundo trading. Se basa en dos características que dan idea del inmenso potencial que posee:

Es el mercado más grande del mundo y está abierto las 24 horas del día, de lunes a viernes. Al día se mueven alrededor de cinco billones de dólares, esto conlleva a mantener una liquidez inmensa o lo que se traduce en que siempre hay contrapartida en el mercado para ejecutar las órdenes del trader. Esto permite que haya una volatilidad notable que ofrece buenos movimientos de las cotizaciones y grandes oportunidades para cualquier operador.

Se puede acceder a Forex desde cualquier dispositivo que tenga acceso a internet; la actividad permanente en el mercado de divisas se hace posible gracias a las grandes sesiones financieras que tienen su espacio: Europa, Estados Unidos y Asia.

Para quien está empezando en el mundo del trading, la referencia que tiene de este mundo es lo que normalmente conoce como Bolsa, o lo que es lo mismo la compraventa de acciones de compañías que están cotizadas. En Forex no se compran acciones, sino que es un mercado de divisas, entonces cuando un inversor participa en el mercado Forex está comprando y vendiendo a la vez. Lo hace en la misma operación, es posible gracias a los instrumentos que maneja Forex con los cruces de divisas.

De entre los pares de divisas Forex acapara el mayor volumen de operaciones.

En este trabajo hablaremos de Forex y de todo lo que este puede hacer, así como de muchos conceptos que pueden no manejarse ahora, pero que son necesarios para hacerse un trader experto.

LOS ASPECTOS MÁS BÁSICOS

¿QUÉ ES EL MERCADO FOREX?

*E*l mercado Forex, es un espacio que no está centralizado y es donde se negocian las divisas, cada una de estas divisas tiene una tasa de conversión, llamada tipo de cambio de 1.10, esto quiere decir que un euro equivale a 1.10 dólares estadounidenses.

Forex es uno de los mercado más líquidos, donde el volumen diario de transacciones con movimientos es de 5 billones de dólares. Se usa principalmente para facilitar las operaciones y las inversiones entre países.

El mercado Forex no cierra como sucede con las otras Bolsas, está abierto las 24 horas, abre en Sydney los lunes por la mañana y cierra en Nueva York los viernes por la tarde. Los fines de semana no abre.

EL IMPACTO DE LA TECNOLOGÍA EN EL MERCADO FOREX

La tecnología ha tenido un impacto en el mercado Forex y cobró gran importancia gracias a:

- Un crecimiento económico acelerado.
- Los avances tecnológicos que permiten nuevas opciones.
- La era de internet.

Dentro de los grandes logros de la era digital está el haber digitalizado el dinero. Antes con el dinero en papel se transfería dinero a otros por medio de un billete, con las tecnologías de la información, ahora se puede hacer el mismo proceso solo tocando una pantalla o un botón.

Durante los años noventa se vio este potencial que tendría gran auge en su momento y se formaron empresas que permitieron el acceso al mercado de divisas y las cuentas con apalancamiento. Estas empresas lograron ser reconocidas y es gracias a ellas que actualmente cualquier persona que tenga 10 dólares en el bolsillo y una plataforma digital puede probar habilidades en este mercado.

¿QUÉ ES EL TRADING FOREX?

Para responder en detalle qué es el trading Forex, lo mejor es dividir la pregunta en dos términos:

Trading es un término mediante el cual se cambia un producto por otro, se puede hacer trading con una amplia serie de instrumentos: Forex, commodities, índices, acciones, criptomonedas, entre otros.

Ahora, el término Forex hace referencia al mercado en el que se hace la operación de cambiar divisas por otras, así como con el tipo de instrumentos financieros.

Por lo tanto, aclarado este punto y poniendose en perspectiva, hay que preguntarse ¿qué es el trading en Forex? El trading en Forex es una actividad o una profesión por medio de la cual se compran y venden pares de divisas para especular sobre la subida o bajada de dichos pares.

La actividad está abierta a cualquier persona que tenga un computador con acceso a la gran red. El trading en Forex es un tipo de trading diario que tiene espacio internacional. Pueden participar los Estados, las empresas e incluso los particulares, o sea cualquier persona, opera en divisas todos los días de lunes a viernes.

Este es un trading que se hace por medio de redes informáticas, y lo realizan traders de todo el mundo. Es esta la razón principal por la que el mercado de divisas Forex es el más grande y líquido que existe y con más accesibilidad, aunque también hay que ver que como es tan receptivo tiene también mucho peligro. En su momento avanzaremos un poco sobre este último punto.

LAS MEJORES DIVISAS PARA OPERAR EN FOREX

Estas son las mejores divisas con las que se puede trabajar en el mercado Forex:

- Dólares estadounidenses.
- Euros.
- Libras esterlinas.
- Yen japonés.

- Francos suizos.

Estos conforman el grupo de pares de divisas principales en Forex:

- EUR/USD
- GBP/USD
- USD/JPY
- USD/CHF

Si se fija en cada uno de los pares se incluye el dólar estadounidense.

Los pares compuestos de las divisas principales no incluyen al dólar estadounidense y se llaman pares cruzados. Estos son algunos ejemplos:

- EUR/GBP
- GBP/JPY
- CHF/GBP

También hay otras tres divisas que se pueden encontrar comúnmente al operar en Forex:

- El dólar de Nueva Zelanda.
- El dólar de Canadá.
- El dólar australiano.

Si se juntan con el dólar estadounidense, se tendrá el grupo conocido como pares menores.

- NZD/USD
- CAD/USD
- AUD/USD

Todos los demás pares que son exóticos, por lo general se componen de menos de 10% con todas las transacciones de Forex.

CÓMO FUNCIONA FOREX

La lógica de cómo funciona Forex es bastante sencilla, todo el que empieza a desempeñar la actividad del trading tiene esta inquietud: cómo gano dinero con Forex. El trader o el operador en este mercado compra algo esperando que aumente el valor o lo vende cuando presume que bajará.

Vamos a ponerlo en un ejemplo, el euro hoy cuesta 1,3579, cuando se analiza el mercado, el trader deduce que este valor va a incrementarse en las próximas horas, entonces abre una operación de compra y aguarda. Al otro día el euro vale 1,4680 y el trader cierra la orden, lo que le asegura una ganancia de unos cuantos pips.

Esto se traduce en un dinero que se gana. La suma va a depender del volumen que el trader haya invertido en esa operación en concreto.

Se pueden ganar desde 5000 euros hasta 50 mil, hay variables.

Sin embargo si se profundiza en el ejemplo anterior, se verá que las cosas son un poco más complicadas, pero esto es algo que se irá desarrollando a lo largo de este trabajo.

2

CONTEXTO DEL MERCADO FOREX: LO QUE NECESITAS CONOCER

OFERTA Y DEMANDA

*V*amos a comprender en detalle qué es la oferta y la demanda. Comprender lo que sucede tras el gráfico es clave para lograr cualquier método de negociación. Las barras y las velas en la pantalla no son solo patrones de colores verde y rojo, esto es lo que se encuentra como expresiones de oferta y demanda.

Algo que se preguntan los que quieren entrar al mundo del trader es qué es la Acción del Precio. La verdad no hay secretos tras la exploración de la huella de los tipos de cambio a través de los gráficos, pero el comportamiento del precio es algo más que giros al alza y la baja.

Se puede desechar fácilmente el análisis de soportes y resistencias por no considerarlo valioso, aunque este es un concepto más bien abstracto y necesita de un poco de práctica para poderlo ejercer con eficacia. Comprender este concepto desde un punto de vista teórico no quiere decir que se integró en la práctica.

Vamos a comprender un poco lo que es la oferta y la demanda.

Las reacciones de los operadores en el mercado es lo que mueve los tipos de cambio que se hacen. Estos reflejan todo lo que se necesita saber.

En términos generales, los precios bajan cuando la mayoría de los participantes piensan que son demasiado altos y suben cuando se consideran muy bajos. No hay una lógica inherente al mercado ni inteligencia superior que se pueda descifrar. Es más bien lo contrario, el mercado, se basa en una masa de individuos racionales donde las reacciones no están impulsadas por la lógica racional.

Tienen más tendencia a oscilar entre los periodos de codicia y los periodos de temor. Hay tantos participantes en el mercado y muchísimas razones por las que cada una de ellas elige hacer la compra o vender en un momento donde ningún método sería capaz de descifrar el comportamiento con todas las variables incluidas.

Por lo general se dice que el análisis del gráfico, por la propia naturaleza es más arte que ciencia. Esto tiene lógica si se tiene en cuenta que los mercados lo hacen los humanos y no por análisis. Cada trader de alguna manera presta atención a los niveles de precios, pero la forma en la que actúan a ellos nunca es igual a otra.

Hacerse un operador requiere que se aprenda el comportamiento en un entorno impredecible. Es clave que se cree un marco estratégico para poder identificar los patrones de comportamiento de quienes participan. Este es un conocimiento que le dará al operador una ventaja para que pueda actuar en el mercado.

Para poder empezar a hacerlo se tienen que desarrollar habilidades analíticas, se tienen que poder identificar los niveles de las ofertas y demandas y medirles su fuerza. Las ventajas que tiene trabajar con esto es que se puede ver su coherencia, son niveles que siguen siendo visibles en un gráfico y en algunos puntos dura hasta meses y años.

Este es de los puntos esenciales que se enseñan en los manuales de trading, es porque es uno de los pilares del análisis técnico, por la lógica es un concepto fácil de entender pero es donde muchos operadores tropiezan.

Un nivel de soporte es un nivel de precios por debajo del actual, donde la demanda ha sido más fuerte que la oferta, impulsando la subida de los precios. Demanda es un sinónimo de que hay alza.

En un nivel de soporte, la expectativa general es que la demanda superará a la oferta, por lo que una caída en el precio va a frenarse en el momento en el que llegue a ese nivel. Como consecuencia se espera que el costo rebote al alza porque un soporte es el nivel de precios donde se espera que la demanda sea fuerte como para evitar que el precio descienda más.

El mercado se entiende como la voluntad de millones de inversores, considera un nivel de precios que sea bajo y esté aceptable para comprarlo. Cuando el precio llega a ese valor, las compras aumentan considerablemente. La lógica dicta que a medida que el precio baja hacia el soporte y se abarata más, los que compran se inclinan a comprar más. A medida que aumenta la demanda los precios comienzan a subir.

Ahora veamos la resistencia, es un nivel máximo donde se identifica que la oferta ha excedido a la demanda, se para el alza y el tipo de cambio, al final se hace caer desde allí porque la oferta es sinónimo de baja.

En el mercado se cree que un nivel de precios es alto, las ventas se dispararán en el momento en el que el precio llegue a ese nivel. Dicho de otro modo, un nivel de resistencia es un precio de referencia en el que la presión de ventas es más grande que las demandas.

Puede ser tan grande que puede detener una escalada apresurada de precios. Los niveles de soporte y resistencia, se detectan por medio del análisis de la evolución de la acción del precio en un gráfico, por medio de la identificación de los niveles donde los precios se pararon luego de un periodo ascendente o descendente.

Entonces, la resistencia es el nivel de precios al que se espera que la presión que vende sea fuerte para evitar que el precio se eleve más. La lógica dicta que a medida que el precio aumenta hacia la resistencia, los vendedores se hacen más propensos a vender y los compradores bajan la propensión a comprar. Cuando el precio llega al nivel de resistencia se espera que la oferta supere la demanda y evite que el precio pase por sobre ella.

LA INTERACCIÓN ENTRE LA OFERTA Y LA DEMANDA

Hay una frase conocida en este medio: "Cuando una resistencia se rompe, nos encontramos en una tendencia alcista y la resistencia se convierte en soporte; y viceversa, cuando el soporte se rompe a la baja, estamos en una tendencia bajista y el soporte se convierte en resistencia." Aunque es real no explica lo que pasa tras los gráficos.

No es solo el concepto de soporte y resistencia, esto se entiende fácil, presenta componentes que mejoran el análisis gráfico, la relación entre la oferta y la demanda se manifiesta en cualquier tipo de costos y se puede medir por medio de varios procedimientos.

TRAZA UN MAPA MENTAL DE LA INDUSTRIA ANTES DE QUE TE PIERDAS

Trazar un mapa mental de la industria antes de perderse es esencial cuando se está en este proceso de conocer el funcionamiento de Forex. Este mercado de valores se tiene que ver como un inmenso océano que cambia constantemente. En ese océano hay muchísimos peces desde inmensos a pequeños, dependiendo del poder de compra que posean.

También hay decisiones grandes sobre las políticas monetarias y sobre el trading que provocan muchas olas, pueden desequilibrar los precios de muchos activos; hay peces de tamaño mediano que son los inversores privados, las compañías con necesidades de cobertura, los bancos privados, luego están los pequeños que son los brókeres financieros, bancos pequeñitos e inversores con poco capital.

Muchos participantes en este mercado tienen acceso directo al interbancario Forex que es el mercado donde toda la magia del intercambio de divisas sucede. Se puede entrar en el mercado simplemente por tener cierto umbral de fondos, se puede operar con ellos sin tener intermediarios.

Los que participan y son más chicos se llaman o reconocen como plancton del océano financiero, buscan sobrevivir lo suficiente para poder crecer como trader minorista de Forex, en esto entra el trader que se inicia.

El poder de compra de un trader que lo hace ocasionalmente es sumamente pequeño, comparado con los peces gordos que necesitan un bróker de Forex o un banco que le proporcione una cuenta de trading apalancada y el acceso por medio de servidores de trading.

Por ello es que hay que trazar un mapa mental para comprender cómo funciona el mercado de Forex, saber la posición de cada quien en la escala que inspirará la cautela necesaria a la hora de hacer el trading.

MANTENTE ATENTO A LOS TIPOS DE INTERÉS

Hay que mantenerse atento a los intereses, esto es algo que pueden hacer los bancos nacionales, sale más costoso para los participantes del mercado pedir prestada esta divisa al mercado central, porque causa una escasez en el suministro de la divisa e impulsa un precio en alza.

Esto es bueno para quién no tiene deseos de una divisa sólida. Aunque en realidad no es así, a corto plazo esto quiere decir que se tendrá menos capital para desarrollar relaciones empresariales, menos ingresos nacionales y al final un índice de crecimiento más lento. Esto ralentiza la inflación y la inevitable subida de la deuda, lo que a largo plazo no es beneficioso.

Cuando se recortan los tipos de interés, todos los que participan en el mercado pueden pedir prestado más capital, entonces se crea un excedente en el suministro de capital y el precio de la divisa baja.

Esto significa a corto plazo una expansión en las empresas que aumenta los gastos nacionales y el crecimiento de la economía.

Esto parece sonar bien pero no lo es en realidad, entre más dinero se pida más se debe, a largo plazo el crédito se acumulará en el banco y caerá en todos como una tormenta inmensa creando una crisis financiera, esto denomina el ciclo macro económico.

Este es un proceso común en las economías capitalistas, los bancos nacionales están constantemente buscando equilibrar las escalas subiendo y bajando los intereses, es lo que se llama ciclo micro económico.

Los ciclos se parecen a los ciclos de cambio del clima, son lentos, no se pueden detener y generan peligro para los participantes del mercado que no pueden ver cuándo llegan.

3

LOS BENEFICIOS DEL TRADING

*A*hora comencemos este capítulo hablando de los beneficios que tiene el trading. Cuando alguien no conoce a los corredores de Bolsa y a los que se mueven en este medio de las divisas y Forex, tiene el estereotipo mental de que son jóvenes apuestos con trajes y mirada de éxito que se ganan millones de dólares con dos clics. Esto es, eso, un estereotipo y más con las evoluciones de los últimos años donde ahora el trader es muy diferente y donde se ha confirmado que este mundo no es para todos. Actualmente cualquiera puede operar pero la gran pregunta es cuál mercado elegir, se puede elegir entre futuros, energías, opciones, divisas o valores. Todos los mercados tienen lo suyo, pero también se encuentra Forex con una serie de ventajas que no se pueden ignorar.

Bueno, estos son unos elementos a tener en cuenta para poder comenzar a operar en Forex y unos beneficios que no se pueden desestimar.

En los últimos tiempos las operaciones que se hacen en Forex han llegado a ser ampliamente accesibles y actualmente hay muchas personas que comienzan a preguntarse sobre esos beneficios que ofrece este mercado.

Algunas de las personas ven que son operaciones en línea, es necesario entender las ventajas que ofrece Forex comparado con el mercado de valores, es lo que se buscará aclarar en este capítulo, para que así se considere incluir en una de las opciones a invertir.

ACCESIBILIDAD

La accesibilidad es uno de los grandes beneficios que tiene Forex; se puede comenzar a operar con poco capital, para la compraventa de valores se puede necesitar un depósito de unos diez mil dólares mientras que para operaciones con divisas se puede arrancar con apenas diez dólares, para los trader que se mueven con volúmenes pequeños este es de los beneficios más interesantes.

LIQUIDEZ

Forex es un mercado que tiene mucha liquidez en el mundo, la razón es que hay una gran oferta y demanda de dinero constante. Uno de los grandes beneficios de operar en Forex es que el mercado abre las 24 horas de lunes a viernes, lo que se traduce en que no hay que ajustar horarios para poder operar, se puede hacer durante todo el día, sea a las 8 de la mañana o a las 3 de la mañana.

En condiciones normales puede cerrarse una posición con facilidad, ya que el mercado Forex tiene oferta y demanda permanente.

EL DESARROLLO TECNOLÓGICO

Otro de los grandes beneficios de operar en Forex es su desarrollo tecnológico que tiene un gran avance en tecnología de software. Muchos de los brokers proveen plataformas desarrolladas desde hace años, los brokers de Forex tienen nuevas plataformas de negociación. También tienen una gran cantidad de proveedores de software de terceros que proveen muchas extensiones de trading útiles.

Se puede entrar a plataformas de negociación en Forex que son muy buenas, hay empresas con las que se puede trabajar y ofrecen plataformas con programas para ponerlas en todos los dispositivos electrónicos para que se opere desde donde sea.

OPERACIONES EN CORTO

Las operaciones en corto son muy atractivas para muchos traders. Las ventajas que ofrece Forex son importantísimas, pero vender divisas sin comprarlas antes es uno de los principales beneficios de estar en Forex. Una de las filosofías que maneja es que se puede comprar barato y vender caro, pero en Forex se puede vender caro y comprar barato, así puedes obtener beneficios en ambas tendencias tanto a la baja como al alza. Es complejo poder abrir una posición corta en acciones y futuros, mientras que con las monedas puedes vender activos solo clicando un botón si se cree que la tendencia es baja.

APALANCAMIENTO

El apalancamiento es una herramienta muy útil, si se habla de operaciones compraventa, la regla es que a mayor capital mayor volumen de operaciones. El apalancamiento es un arma que es importante en el mundo de beneficios de Forex, cuando se usa el apalancamiento el trader puede comprar hasta 500 veces más fondos de lo que tiene en realidad, así se pueden generar fácilmente ganancias sustanciales o tener pérdidas, sin contar con capital a disposición.

COSTOS BAJOS DE TRANSACCIÓN

En Forex se pueden tener costos bajos de transacción, el mercado de las divisas se considera uno de los mercados financieros con costos más bajos de operación. Muchos brokers cobran basándose en dos esquemas:

El spread: los brokers cobran un monto distinto para operaciones de compra de operaciones de venta, esta diferencia es la que se queda el bróker.

El spread y las comisiones: la mayoría de los brokers en este esquema cargan una comisión pero el spread es pequeño por lo general, por lo tanto los costos de transacción pueden ser menores que los brokers que cargan solo el spread.

POTENCIAL DE GANANCIAS TANTO EN MERCADOS ALCISTAS COMO BAJISTAS

Se tiene el potencial de ganancias tanto cuando se está en mercados alcistas como bajistas. En las posiciones Forex que están abiertas, un inversionista tiene una posición larga en una divisa corta, la posición corta es en la que el operador vende divisas antes de que se deprecie, en este caso el inversionista se beneficia de una caída en el mercado.

SE OPERA DESDE DONDE SEA

Forex se puede hacer desde donde sea, dado que las transacciones no tienen un lugar físico para operarse, se puede operar en cualquier parte del mundo, desde oficina propia, en la casa y hasta en la cama. Solo se requiere de una conexión a internet donde se pueda tener acceso al bróker.

Estas son algunas de las grandes ventajas de operar en Forex, claro, son muchas pero estas son de las más importantes, especialmente para el trader que está empezando.

LOS RIESGOS INVOLUCRADOS

Forex tiene riesgos involucrados como todos los mercados, más este mercado tan grande donde operan más de 5 billones al día. El volumen de operaciones al día es tan grande que es posible que se espere un grado de volatilidad, esto es bueno para los traders, pero la alta volatilidad combinada con un alto nivel de apalancamiento puede generar pérdidas sustanciales ya que en algunos casos podría sobrepasar el depósito. Es por esta razón que antes de operar en Forex se debe considerar detenidamente o se debe asesorar con un experto.

Ahora que se han examinado las principales ventajas que tiene operar en Forex veamos las ventajas para un operador Forex profesional. Aunque esto es algo que un operador profesional ya debe conocer, este sabe todas las ventajas que conlleva operar en Forex así como sus riesgos, pero hay otros elementos que a lo mejor no conoce en detalle. Estos son los argumentos que tienen personas que llevan años trabajando en operaciones de compraventa.

SEÑALES

Las señales de trading hacen el papel de ser un alerta, avisa a los traders cuándo deben dejar una operación. Las señales son proporcionadas por traders experimentados o empresas especializadas que cobran una tarifa a cambio o lo hacen gratis.

Las señales pueden ayudar mucho a un trader que está empezando, obtiene detalles precisos de las transacciones que recomiendan los proveedores de señales Forex.

SE PUEDEN ADMINISTRAR CUENTAS

El trader profesional puede volverse un Administrador de Cuentas, la diferencia principal entre las señales y la administración de cuentas es que con la señal se recibe una compensación por el volumen de operaciones, es decir, cuando se envía una señal la persona con la misma operación sea con 10 dólares o cien mil, paga lo mismo.

Cuando se administran las cuentas se puede construir un sistema de compensación flexible, este sistema puede basarse en la comisión obtenida por el éxito de una operación, el volumen de las operaciones y otros factores.

Hay que considerar a la administración de cuentas Forex como una buena manera de aumentar la cantidad de fondos disponibles para operar. Es similar al apalancamiento, los fondos permiten que se abran transacciones más grandes y que generen más dinero.

La administración de cuentas Forex son una excelente manera de aumentar los fondos que se tienen para operar. Es similar al apalancamiento, los fondos permiten que se abran transacciones más grandes y con más ganancias.

Un consejo, siempre se tiene que consultar el bróker sobre las regulaciones específicas que se aplican a la utilización de asesores expertos o robots Forex y sobre la administración de cuentas que ofrece porque puede variar según la jurisdicción.

PROGRAMAS DE LEALTAD Y BONIFICACIONES

De acuerdo a quien elija el trader, puede conseguir programas de lealtad y bonificaciones. Fuera del campo de Forex, muchas instituciones financieras se posicionan como un proveedor de servicios, proporcionan condiciones comerciales que no se negocian.

Los brokers de Forex generan un administrador que se dedica y ayuda cada que se necesite. Pone a disposición programas de lealtad que son atractivos y permiten ser compensados por las transacciones que se hacen.

Realizan promociones donde hay programas de bonificaciones para sus clientes donde le ayudan a tener más fondos para sus compraventas. En este tipo de operaciones ambos ganan, el trader y el bróker ya que se maximiza el potencial de la venta. Un profesional hace bien al cambiarse a las operaciones en Forex, porque recibe apoyo y orientación cuando lo necesite y en ocasiones puede recibir un proveedor de señal o un administrador de cuenta con las operaciones. Por lo tanto se es capaz de recibir ingresos adicionales con las operaciones.

El mercado de Forex es accesible y se puede hacer depósitos con montos menores a otros mercados.

4

CONSEJOS PARA IR DE PRINCIPIANTE A EXPERTO

ELIGE TU BRÓKER

Un gran paso para el trader es elegir su bróker. Al momento hay una gran oferta de brokers online que ofrecen los servicios a inversores de todo el mundo, el número va en aumento constante, cada vez es más difícil, especialmente para el que empieza, elegir cuáles son las diferencias entre ellos y cómo elegir al que realmente sea efectivo a los propósitos.

El factor más importante a considerar al elegir un bróker es que se trate de una empresa que genere confianza, el bróker online es el encargado de recibir el dinero y de ejecutar las operaciones que se le pidan. Por eso hay que elegir a uno que sea serio, profesional y límpido.

Uno de los medios que se tienen para poder valorar la fiabilidad del bróker es ver si se trata de uno regulado y ver qué organismo lo supervisa, ya que un bróker regulado no es garante total de confianza, aunque ya es una ganancia a considerar frente a los brokers que no se someten a nadie. Un bróker regulado se somete a una serie de normas que velan por la protección de los inversores para la solvencia y seguridad de los fondos y por la correcta comercialización y actividades que realice.

Algunos reguladores son más exigentes que otros, uno de los más exigentes a nivel mundial es la FCA que es el regulador de servicios financieros del Reino Unido. En España está la Comisión Nacional del Mercado de Valores, en Alemania la Autoridad Federal de Supervisión Financiera, en Chipre está la Cyprus Securities and Exchange Commission.

Muchas de estas regulaciones y el cumplimiento de las directivas europeas como la MiFID obligan a los brokers a mantener los fondos de los inversores en cuentas bancarias segregadas de las de la propia compañía. De este modo el dinero de los clientes no se ve afectado por la situación financiera del bróker ni puede ser embargado por sus acreedores ante una quiebra que pudiera o no suceder.

También hay algunos países con fondos de compensación a los inversores que protegen una determinada cantidad del dinero.

Otra manera de analizar la fiabilidad de un bróker online es la de recurrir a opiniones de clientes que se pueden encontrar en foros, comentarios, blogs, y en muchos sitios webs. Cuando se valoran las opiniones hay que tener en cuenta que es mucho más fácil que alguien publique opiniones negativas de un bróker ante una mala experiencia a encontrar opiniones positivas. Entonces toca fijarse si ese bróker no tiene nada malo qué decirle ya se tiene otra referencia a considerar.

La página del bróker se debe revisar a fondo antes de dar de alta una cuenta con ellos, el bróker transparente publica información detallada de sus condiciones de negociación, aporta documentación para resolver dudas y tiene implementados procedimientos de contacto y reclamación ante incidencias, esto siempre va a ser más recomendable que el que te muestra solo bondades y pocos detalles de sus condiciones, no hay que dudar de contactar con el servicio al cliente para detalles que no se vean claras y comprobar el grado de respuesta, calidad y rapidez.

Sumado a la fiabilidad hay que ver el bróker para invertir que tenga condiciones que encajen dentro de las posibilidades que se tienen.

Los brokers online pueden ofrecer una o varias cuentas de trading, cuando dan la posibilidad de tener varias es porque cada una de ellas mejora generalmente las condiciones de trading de las anteriores, pero se da a cambio de un pago inicial mínimo más elevado. Si por ejemplo el bróker pide 10 mil dólares para empezar y no se tiene tal cantidad, se puede pasar al siguiente, pero actualmente el depósito no suele ser el impedimento ya que en la mayoría se puede empezar a invertir online con depósitos pequeños, pero lo que hay que destacar es que entre más dinero se tenga más probabilidades de invertir hay y se tienen mejores condiciones.

CREA TU ESTRATEGIA

El trader tiene que ser un estratega nato. Muchas personas creen que los mercados son aleatorios, entonces prefieren seguir una corazonada que dependa de los instintos, a veces es realmente posible obtener grandes ganancias en una sola operación, inspirándose solo en la intuición. Pero este tipo de éxito es cuestión solo de la casualidad, no hay garantías que puedan repetirlo, los traders que tienen experiencia confían en sus estrategias de trading con cuidado. Saben que a veces hay desviaciones en las tasas de cambio, las mismas siguen patrones y por ende se necesita enfoque estratégico para poder operar, por eso es mejor construir una estrategia propia de trading.

Dentro de los beneficios de contar con una estrategia de trading está que ayuda al operador a evitar las emociones que lo destruyan durante el trading, esto lo logra apegado a esa estrategia que ha construido.

La estrategia puede ser respaldada en los datos históricos, dado que ya tiene una prueba de qué es lo que funciona.

La estrategia reduce el tiempo de análisis en el mercado, tan pronto como proporciona señales el trader comienza a actuar.

En internet se pueden conseguir muchas estrategias que se pueden poner en marcha pero antes de poner en marcha alguna de estas, se tiene que probar primero en un demo para saber si realmente es efectiva o no.

Hay que tener expectativas, ya que algunas estrategias son mejores que otras. Eso sí, ninguna va a ofrecer la garantía de un 100% de ganancia. Hay muchísimas estrategias para arrancar pero se puede igual construir una propia. Para conocer la efectividad de antemano se tiene que tener años de experiencia para ya poderlas identificar solo con verlas.

Hay que ver cómo se mueven las tasas de cambio, saber que las divisas pueden subir y bajar por las reuniones de bancos centrales y las publicaciones de datos económicos de alto valor.

PASOS PARA CONSTRUIR LA ESTRATEGIA

Para seguir los pasos para construir una estrategia, el primer paso es preguntarse quién se es: un trader diario, un scalper, un trader a mediano plazo o a largo plazo, luego de esto se elige un cronograma, que sea por horas, M30, a diario, semanal, mensual o como se prefiera.

Ahora se decide cuál es el lugar del mercado donde se va a enfocar, se basan en condiciones principales:

tendencia, rango y ruptura. Cada una de estas condiciones exhibe su propio tono de mercado, dejando como resultado una estrategia que es buena para el trading de tendencias que puede mostrar un resultado debilitado cuando el mercado está en un rango.

Ahora llega el momento de seleccionar las herramientas, ver si se usaran indicadores técnicos, y si esto es así, cuáles, hay dos tipos de estrategias: las que son con indicador y sin el indicador.

Las estrategias que no tienen indicadores pueden incluir el análisis de los patrones de velas, los patrones de gráficos, las líneas de tendencia y otros elementos de acción del precio así como trading de noticias.

Hay que definir la configuración que con las condiciones requeridas y el gatillo de entrada es la regla para iniciar la estrategia.

La configuración es una condición de mercado favorable, con gran significado pero no lo suficiente para abrir la operación, puede referirse a una ubicación en particular de indicadores o de velas que se pongan en un gráfico técnico. La configuración muestra un momento favorable para el trading. Pero no apunta al momento exacto en el que se pueda ingresar.

La configuración se basa en uno o más filtros, estos se diseñan para poder proteger a las señales falsas de trading, aunque si se aplican muchos filtros se corre el riesgo de perder para siempre las señales del trading. Esto es necesario para un equilibrio entre un pequeño y gran número de filtros.

Otro elemento a considerar es el gatillo de entrada, que es opuesto a la configuración, es una técnica que indica el momento ideal para ingresar al mercado. Es importante que se conozca el gatillo para poderlo hacer sin miedos ni dudas, pueden ser velas, patrones, indicadores y osciladores.

Hay que establecer parámetros para la gestión de riesgos, estos tienen que ser estrictos, se tiene que ver la recompensa y los riesgos, el tamaño, la proporción común entre la pérdida potencial y la ganancia de 1:3. La regla básica en el trading es que no se arriesgue más del 2% del depósito en la operación.

Hay que elegir las reglas de salida, se tiene que tener una regla de órdenes take profit y stop loss.

No hay que olvidar que solo existe un gatillo o

disparador de entrada sino un gatillo de salida también. Es el momento donde se comprende que es la hora de cerrar la operación, el gatillo de salida es útil no solo cuando se falla, sino cuando se tiene una operación rentable y se quiere salir, porque el mercado no estará siempre de nuestro lado.

Hay que escribir las reglas de la estrategia, incluso si se recuerdan los pasos de ella, es mejor escribirlos para no tener dudas al momento de operar.

Corresponde poner a prueba la estrategia en una cuenta demo para ver cómo se mueve, se hace un gran esfuerzo para que se cree una base de éxito. Si hay errores se pueden corregir sin perder capital.

La estrategia se puede empezar a usar en una cuenta real ahora, no hay que desviarse de las reglas, hay que aprender constantemente pensando en que esa estrategia puede ser aún mejor.

CONTROLA TUS EMOCIONES

Las emociones hay que controlarlas, a veces el trader siente vergüenza cuando mira su diario de trading y ve lo hecho en el pasado, descubre los errores que cometió, muchos sin sentido, pero se hicieron.

Esto sucede solo por un motivo: se actuó mal por estar influido por las emociones fuertes y se estropeó el alcance que hubiera podido tener la estrategia.

Los casos más típicos son los que se saltan el sistema o se permiten saltar algunas reglas pequeñas o reculando cuan do ha tocado hacerlo.

Un trading tiene este tipo de emociones: ansiedad, inquietud, avaricia, urgencia, todo esto lleva a precipitarse y a excederse. Quienes operan con activos no les conviene irse de esta manera porque pueden perder oportunidades e irse a un abismo de errores.

Además de que se disparan los gastos aumentan los errores y se reduce el beneficio de la operación, además de subir el riesgo de ruina por encima de lo que es razonable.

Hay que controlar las emociones para que se pueda ganar dinero en los mercado financieros, se tiene que trabajar con un poco de mente fría y pensar bien cada movimiento, con la mente calmada, sin exceso de confianza y sin miedos que paralicen.

PRACTICA Y LLEGARÁS A LA PERFECCIÓN

La práctica constante hace al maestro, siempre se ha sabido que cualquier actividad si se hace constantemente al final termina siendo toda una escuela.

En el mundo de Forex esto cuenta, mientras más estrategias se ensayen, se analicen se piensen y se coloquen en demos, mejor será la experiencia que se va adquiriendo y esto permitirá que se vean los riesgos y también las oportunidades.

LA PSICOLOGÍA ES CLAVE

La psicología es clave en el Forex. Hay sesgos psicológicos que pueden afectar al momento de operar:

El primero es ser demasiado confiado, cuando se logran algunas posiciones ganadoras consecutivas se puede creer que es fácil seguir ganando y esto puede afectar la visión y se puede errar garrafalmente en algún momento.

Las decisiones hay que meditarlas y el exceso de confianza descuida esto. Ahí llegan los errores.

El mejor consejo es que se controle el exceso de autoestima, está bien que se crea en sí mismo, pero con realismo, hay que analizar la situación, eso es parte del exceso de confianza, revisar para que se siga sintiendo esa sensación de que se es líder en lo que se hace.

El otro sesgo que afecta desde la psicología al trader es el del anclaje, esto se refiere a la necesidad que se tiene de agarrarse a lo que es conocido, a lo que puede llevar a fiarse de datos que ya están obsoletos y que pueden traer malos resultados.

El otro sesgo que puede afectar es el de confirmación o la búsqueda de indicadores que confirmen la estrategia, si sirve para confirmar una decisión correcta, lo único que puede hacer este sesgo es que se pierda tiempo, pero si es errada hará que se aleje de la que verdaderamente sirve.

Finalmente está el sesgo de pérdida o temor a mantener posiciones, esta es la actitud de perdedor, es contraria a la de exceso de confianza y puede causar pérdidas de dinero.

TOMA RIESGOS INTELIGENTEMENTE

A medida que se va ganando experiencia se pueden tomar riesgos inteligentes que se saben que pueden llevar al éxito, los riesgos inteligentes pueden traer grandes ganancias, cuidado con esto de los riesgos, porque hay algunos que son precipitados y pueden arruinar todo, por eso el punto se llama riesgo inteligente, es ese donde ya la intuición y la experiencia dicen que de seguro la operación es buena.

Muchas veces un riesgo inteligente puede cambiar la vida del trader para mejor porque obtiene una de las ganancias más grandes que ha conseguido hasta el momento.

TEN PACIENCIA

La paciencia es necesaria en el mercado de divisas que es tan movido, operar en Forex puede drenar mucha adrenalina, pero la paciencia no se puede dejar afuera, toca tenerla a nuestro lado y tomada de la mano. Ella es un aliado clave si se pretende convertir en trader de éxito.

Desarrollar las mejores habilidades para ser un buen operador de Forex es una tarea que lleva mucho tiempo. Además también requiere de paciencia y se sabe que cuando se recién inicia, la ansiedad por arrancar el proyecto es acuciante, pero la ansiedad puede ser una enemiga mortal de la paciencia y del comercio.

La paciencia también es la que va a demandar diseñarse con cuidado el plan de comercio, no se puede operar en Forex sin un plan en detalle. Esto se puede aprender en alguna escuela de trading que hay en internet, pero siempre al final es el propio trader quien diseñará esto con mucha dedicación para que sea un plan de éxito.

Ahora que se tienen las habilidades y el plan comercial para operar en Forex, la paciencia está requerida y se tiene que aguardar a que las mejores oportunidades lleguen de acuerdo al diseño que se ha hecho. Una vez que se está en el juego se necesita paciencia para entrar y salir en los momentos correctos de las posiciones que se han tomado.

CAPACÍTATE CONTINUAMENTE

La capacitación constante hace a un buen trader. Cada día que se opere hay una lección nueva por aprender, así que se tiene que mirar el mercado Forex y mantenerse activo con lo aprendido. Hay que analizar las noticias, lo que sale en las tendencias, los procesos financieros y no descuidar el fundamento de Forex.

Lo más importante es estudiar, practicar, estudiar un

poco más, esto requiere de mucho tiempo y esfuerzo, pero al final los resultados son visibles.

BUSCA CONDICIONES COMPETITIVAS

La búsqueda de condiciones competitivas es trabajar siempre por alcanzar lo mejor, claro, con disciplina y paciencia, por eso es importante elegir condiciones de servicio de primera categoría y lograr los mejores spreads.

PLANIFICA CON ANTELACIÓN

Si se quiere lograr el éxito se tiene que planificar con antelación, el trading en Forex no es una apuesta, es un juego donde las estrategias son las reinas y se tiene que calcular con cuidado el movimiento que sigue antes de actuar.

Se puede empezar a formular un plan haciendo estas preguntas.

- ¿He pensado que puedo perder en algún momento?
- ¿Cuál es mi plan B para diversos escenarios?

Para poder tener éxito en el trading de Forex hay que esperar lo inesperado.

CONOCE LOS GRÁFICOS

Los gráficos son una extensión de la mano del trader, tiene que conocerlos en detalle. De seguro se va a operar en muchos mercados distintos y entonces hay que entender la información que se analiza para cada operación. Hay numerosas herramientas para hacer el trading más fácil. Nada es más eficiente en tiempo que los gráficos.

Los gráficos dan acceso rápido a muchos números pesados con un simple vistazo, por eso hay que desplazarse por él.

La recomendación es que se aprenda más sobre los gráficos de Forex y el modo de usarlos con:

- Los patrones de Forex más usados.
- Como leer los gráficos de Forex.
- Mejor software de gráficos.

UTILIZA STOP-LOSS

Una gran herramienta para utilizar es el stop loss, no de gratis es tan bien valorada por los traders.

No tener stop loss es básicamente una excusa para mantener una mala posición abierta, pero las malas situaciones rara vez mejoran y esto lleva a que el capital también se vea afectado.

El stop loss correctamente colocado elimina el riesgo de perder todo el dinero en un solo trade, el stop loss es muy beneficioso cuando no se tiene la capacidad de cerrar posiciones manualmente.

ANALIZA TUS OPERACIONES

Las operaciones hay que analizarlas tanto las buenas como las malas. Se tiene que seguir un diario de la actividad de Trading para mantener una disciplina y encontrar patrones.

Es sencillo aprender de los errores del pasado cuando se anotan, el tener un diario ayuda a que se sea honesto consigo mismo y se sea un gran crítico para no volver a cometer los mismos errores.

EXPERIMENTA

Experimentar es parte de hacerse un buen trading. Es ajustar la flexibilidad a la estrategia, es estar dispuesto a probar cosas nuevas y mejorar el trading, el mercado Forex evoluciona constantemente.

El mejor método que se puede seguir es que se experimente constantemente, claro con inteligencia y siguiendo los lineamientos anteriormente descritos.

5

TIPOS DE ANÁLISIS PARA EL TRADING FOREX

ANÁLISIS FUNDAMENTAL

*E*l análisis fundamental o macroeconómico consiste en el estudio de las causas macroeconómicas que afectan la oferta y la demanda de divisas en el mercado Forex. El análisis fundamental se centra en la situación macroeconómica de un país determinado y también en la situación económica del mundo o de un grupo de Estados particulares y sus respectivas relaciones.

Se debe tener presente que el mercado funciona como un todo, por regla general los cambios que se producen en la economía terminan repercutiendo tarde o temprano en la oferta y demanda de divisas, los activos financieros y los commodities.

El mercado no es susceptible de percibir cambios por factores económicos sino por situaciones políticas que sucedan, sociales, e incluso climáticas que pueden afectar el mercado de divisas, y demás mercados de distinto peso.

En el análisis los indicadores juegan un papel fundamental. Los inversores centran su atención en los aspectos macroeconómicos para invertir en Forex y se suele denominar como fundamentalista.

El calendario de economía en Forex juega un papel clave para los inversores fundamentalistas. Todos los sucesos e indicadores económicos se pueden anticipar por medio del calendario económico. En este se detallan los eventos programados y los indicadores económicos a publicarse con su fecha de publicación y la estimación que se proyecta por cada indicador económico, junto con los resultados previos obtenidos.

Así cuando se da a conocer el indicador económico en cuestión, si el resultado publicado y proyectado no varía en lo sustancial con el resultado anterior, a lo mejor no se verá un cambio importante en el mercado Forex.

Pero si los datos publicados difieren en gran medida de las proyecciones que se estiman el mercado a lo mejor reacciona con fuerza y así los inversores en Forex suelen aprovechar los desfasajes económicos para ganar con las divisas.

Hay que considerar muchas veces que el mercado digiere con anticipación los cambios económicos y muchas otras en el mercado se anticipan y por lo tanto pueden ser que el suceso económico no afecte en el mercado Forex de manera marcada.

Desde otro punto de vista macroeconómico, las decisiones en materia de moneda se llevan a cabo por autoridades monetarias de cada Estado, también tienen gran relevancia en el mercado Forex.

Este tipo de interés o las tasas que fijan los bancos centrales y las operaciones del mercado abierto o la fijación de políticas activas tienden a repercutir con fuerza en el mercado de divisas.

Por regla general cuando un banco incrementa las tasas de interés la divisa de ese Estado se aprecia, igualmente cuando el banco central decide reducir las tasas de interés la moneda asociada se deprecia.

Es por esto que tiene gran importancia la política en el mercado de divisas Forex. Los inversores fundamentalistas siguen con atención las actas y minutas que publican las autoridades monetarias para mantenerse atentos a lo que dicen gobernantes y presidentes de los bancos centrales ya que podrían insinuar lo que digan sobre el futuro de alguna moneda.

Así cobran importancia los eventos que vienen de los bancos centrales y de los mismos gobiernos, organizaciones, empresarios, agencias de riesgo y personas líderes en el mercado.

Se debe tener presente que la estabilidad en el ámbito político se traduce en el aumento de la atracción. Hay que tener presente que estabilidad en el ámbito político monetario se traduce en aumentar la atracción económica entre los inversores extranjeros quienes invierten capital en el país y en consecuencia la moneda nacional se aprecia.

El mismo efecto sucede cuando la situación político económica se deteriora, lo que genera afluencia de capitales por lo general y un daño a la divisa nacional.

En resumen, el análisis fundamental o macroeconómico se enfoca en la causa y estudia todas las variables económicas, políticas y sociales que afectan la oferta y la demanda de elementos financieros.

El análisis fundamental analiza interpreta y detalla los indicadores macroeconómicos y las decisiones político monetarias, así presta atención al entorno económico general y a la situación política y monetaria y las expectativas del desarrollo mundial venidero.

ANÁLISIS TÉCNICOS

El análisis técnico mira el precio y los datos del volumen operado para determinar si seguirán más adelante o no. Siempre que el análisis se base en el movimiento de los precios se está haciendo un análisis técnico.

El principio del análisis técnico es que los mercados actúan por tendencias y que todo lo que influye en el comportamiento de los costos se expresa en el gráfico.

El análisis de la tendencia es indispensable para comprender y operar con éxito en el mercado Forex. Una de las grandes ventajas es que se vale para ganar tanto de la alza como de la baja, pues la compra de divisas equivale a vender a la contraparte.

El análisis técnico puede detectar muchos indicios de que la tendencia puede avanzar y encontrar zonas críticas en los costos que pueden servir de referencia para la operación.

La tendencia dice que los mercados se mueven por tendencia, el inversor tiene que verlas y detectar los factores que puedan sugerir un cambio, una tendencia que puede tomar años, meses o hasta horas.

El análisis técnico intenta detectar los niveles críticos que a lo mejor harán un cambio de la misma, las líneas que se tracen de tendencia por lo general dan soporte y resistencia, los objetivos de precio y en general muchas técnicas que son vitales para el trader.

La recomendación es operar con la tendencia, es más probable ganar, operando a favor de la tendencia que contra ella, las tendencias alcistas son menos escarpadas que las bajistas.

Los indicadores por lo general indican un nivel de sobrecompra o sobreventa, indica futuras posibles tendencias y correcciones, se tiene indicadores con tendencias e indicadores líderes que intentan anticipar un giro o una pausa en la tendencia.

A nivel de experiencia se muestra que el estado de ánimo de los operadores se repite, un conocimiento de cómo se desarrollan los precios y sus fases de mercado ayudan a tener una idea de la evolución de los precios.

6

CONCEPTOS CLAVES DEL TRADING FOREX MEDIANTE CFDS

FOREX O MERCADO DE DIVISAS

*D*entro del mercado de divisas donde opera la gran infinidad de estrategias se encuentra la famosa Forex, que como bien se expresó antes, forma parte del mercado mundial y descentralizado donde se dan negocios de divisas a diario.

El nacimiento de este mercado se debe a la meta de poder facilitar el flujo monetario que se deriva del comercio internacional, es por gran margen el mercado más grande del mundo, llega a mover un volumen diario de transacciones que va por los cinco billones de dólares, esto es más que todos los demás mercados combinados. Su crecimiento ha sido tan grande que actualmente las operaciones en moneda extranjera que se deben a operaciones de bienes y servicios representan un porcentaje casi residual. Prácticamente todas las que se dan es la compraventa de activos financieros.

Este es un mercado bastante independiente de las operaciones comerciales y las variaciones entre el precio de dos monedas no puede explicarse de forma exclusiva por las variaciones de los flujos comerciales.

PAR DE DIVISAS

Un par de divisas son las dos divisas que se usan para realizar una operación comercial de compra venta, dicho en otras palabras, es darle valor a una unidad de una divisa relativo al valor de otra divisa en el mercado internacional de divisas.

Un par de divisas se componen de dos divisas: la divisa base y la divisa contraparte, para referirse a un par de divisas se maneja el código ISO 4217 de cada una de las divisas de manera concatenada y se separan por una barra, por ejemplo USD/EUR, será el par compuesto el dólar como divisa base y el euro como la divisa contraparte.

Muchas veces la barra se omite y se escriben los códigos sin separación, por ejemplo USDEUR.

La divisa que se pone como base según las reglas estandarizadas para formar anotaciones de pares de divisas se basa en las prioridades atribuidas a cada divisa, aunque no hay un organismo que rija una norma para hacerlo.

La cotización de un par de divisas es el valor relativo de la divisa base respecto a la divisa contraparte, indicando la cantidad de divisas contraparte equivalente a una unidad de divisa base.

Si el tipo de cambio de un par de divisas aumenta, indica que la divisa base ha aumentado su valor relativo respecto a la divisa contraparte ya sea por fortaleza de la divisa base, debilidad de la divisa contraparte o por ambas causas.

Igualmente si el tipo de cambio de un par de divisas se reduce indicará que la divisa base se ha hecho relativamente más débil respecto a la divisa contraparte.

PIP O PUNTO

Pip es la abreviatura en inglés de point in porcentaje o punto porcentual, es una medida del movimiento más pequeño del tipo de cambio en un par de divisas en Forex. El pip es una unidad estándar y es la cantidad más pequeña según la que una cotización de una moneda puede variar.

En la mayoría de los pares un pip equivale a una variación del 0.01% o a un 1/100 de un uno por ciento, es un valor generalmente denominado en terminología financiera como punto base.

SPREADS

El spreads en Forex es la diferencia entre los precios de demanda o compra y la oferta o venta, la manera de medirlo es en pips. Visto desde el punto de vista de un bróker online, el spread trading es de las principales fuentes de ingreso, junto con las comisiones y tarifas de intercambio.

En la Bolsa el spread puede variar o puede ser fijo, la mayor parte de los brokers online ofrecen spreads trading que varían.

La mayoría de las personas cuando compran o

venden algo, el precio suele ser un factor clave a tener en cuenta en el proceso de toma de decisiones, aunque no siempre se le otorga la suficiente importancia a los precios que tiene la transacción como tal.

Esto es algo real tanto para el trading de Forex como para alguien que hace una transacción externa con cualquier compraventa.

Cuando se opera en Forex uno de los costos de transacción clave es el spread.

MARGEN

El margen de Forex es un depósito que se hace para mantener las posiciones abiertas, no es una comisión o un costo por esa transacción, es una porción del capital de la cuenta que se aparta y asigna un depósito. El margen de Forex es un porcentaje de la cantidad total de la posición escogida. El margen puede tener consecuencias importantes, puede influir en los resultados de las operaciones tanto de manera positiva como negativa.

En resumen el margen inicial es la cantidad mínima que se tiene que tener en cuenta de trading para poder abrir una posición de mercado bursátiles.

APALANCAMIENTO

El apalancamiento es algo que puede parecer confuso para quienes están empezando en el Forex o CFDs. Apalancamiento es una herramienta que permite que se invierta un valor nominal mayor al valor de los recursos usados.

Gracias al apalancamiento, el traders puede abrir posiciones que sean hasta mil veces el valor inicial. En otras palabras, apalancamiento significa en que un trader opera con volúmenes superiores a los que ya tiene usando su propio capital dando como resultado el acceso a mercado que a menudo son inaccesibles.

MARGEN LIBRE

El margen libre de Forex es la cantidad de dinero que no se utiliza para garantizar ninguna operación y se puede usar para abrir más posiciones.

Se puede calcular o definir de esta manera:

El margen libre es la diferencia entre el patrimonio y el margen. Si las posiciones abiertas dan beneficios entonces el capital o patrimonio será mayor y en consecuencia el margen libre aumentará.

Si se tienen posiciones de pérdida el margen disponible se reduce.

NIVEL DE MARGEN

El nivel de margen es la relación entre los fondos de un trader y el margen que se expresa en porcentaje, el nivel de margen muestra los riesgos actuales permitiendo reducirlos. Al prestarle atención a ese nivel de margen el trader puede ver si tiene fondos para abrir una posición o para mantener abierta una posición, el nivel de margen se puede calcular usando esta fórmula: Nivel de Margen = (Patrimonio / Margen Necesario) x 100%.

STOP OUT

Stop out es un nivel es el punto específico donde se produce un cierre forzoso de las posiciones abiertas en Metatrader, debido a una reducción del margen libre. Esto significa que ya no se pueden respaldar las posiciones abiertas.

PLATAFORMA DE TRADING

La plataforma de trading es una herramienta elemental para cualquier inversor que opera en los mercados financieros por medio de internet, se trata de un programa diseñado para analizar el mercado, conocer los precios de los instrumentos financieros disponibles para invertir, abrir, controlar y cerrar posiciones según las decisiones que vaya tomando el trader.

ORDEN A MERCADO

Las órdenes de mercado son las que se ejecutan inmediatamente a los tipos actuales que se conocen en el mercado. Por ejemplo el GBP/USD se negocia ahora a 1,5782. Si se quiere comprar a este precio se tiene que dar clic en comprar y la plataforma de operaciones hará la orden de compra a ese precio.

Cuando cierra una posición de manera manual, el trader también está ejecutando la orden de mercado por la misma cantidad que la posición abierta, pero en la dirección contraria.

Para cerrar una posición comprada en GBP/USD, el trader deberá vender la misma cantidad que tiene comprada, es lo que se llama una operación de compensación o liquidación.

ORDEN STOP DE ENTRADA

Una orden stop de entrada es una orden que se puede predeterminar en la plataforma para comprar o vender a un precio determinado. Por ejemplo el EUR/USD se negocia a 1,2345 ahora, y se quiere comprar si el precio llega a 1,3000, se puede controlar el tipo de cambio y colocar una orden manual para que si llega a ese nivel de precio se haga, o se programa una stop de entrada en 1,3000. Si sube a ese precio la plataforma de trading ejecutará de manera automática una orden de compra.

La orden stop de entrada para comprar debe tener un precio superior al del precio actual, mientras que para vender el precio tiene que ser inferior a la demanda actual. Como dato final no todos los brokers garantizan una ejecución a ese precio o cerca del precio marcado en la orden.

CONCLUSIÓN

Sin duda Forex es un mercado importante. Para alguien que entra a hacer alguna transacción puntual en este mercado puede no necesitar protegerse de este tipo de cambio, pues la transacción se ajusta sola, pero en el caso de alguien que vaya a entrar a trabajar por un periodo de tiempo más largo si necesita tener un bróker y buscar cómo protegerse.

Los mercados suelen ser en ocasiones irracionales y pueden haber variaciones. Para terminar es importante recalcar algunos consejos que se vieron a lo largo de este trabajo y que son vitales cuando se quiere entrar al mundo Forex.

La primera es que se escoja al mejor bróker o intermediario, según el capital y los tipos de cuenta, la experiencia, la edad, el país, la facilidad que se tenga para moverse entre las plataformas, los riesgos que se tenga disposición a asumir, los beneficios y el plazo de tiempo con el que se desee obtener. Entre otras variables.

El broker ideal es el que se adapte a las necesidades y que tenga buenas recomendaciones.

Si se va a hacer trader se tiene que definir un objetivo, el límite de ganancias y pérdidas y hacer cuantificaciones temporales, esto quiere decir, tener claro cuál es la máxima de capital y aprender a salir por la puerta grande si se presenta la situación.

La otra es que cuando se haya escogido al bróker ideal y se tenga claro el calendario con sus objetivos, se sea cuidadoso con los márgenes de apalancamiento. Los brokers que operan con CFDs que son la mayoría ya permiten multiplicar los beneficios lo cual es una inmensa ventaja o bien en la misma proporcionalidad dividirlos lo cual no es tan bueno. Son riesgos inteligentes que se pueden asumir cuando se tengan claros los conceptos y pasos que se dan cada momento, aunque esto no es recomendado para quien está empezando.

Otro consejo es que si se declina por el apalancamiento se debe hacer poco a poco, con pequeñas cantidades para tomar conciencia de las consecuencias buenas y no tan buenas de este sistema.

Y como consejo final es que se tome consciencia de la personalidad que se posee, si se reconoce como una persona arriesgada y propenso a perder la paciencia hay que tenerlo claro y que hay que saber que es algo que no siempre favorece, asimismo el ser demasiado prudente, influenciable o nervioso puede ser negativo. Las emociones tienen que ser controladas y la mente fría, tal como se explicó en su momento.